Días de Cocina
Recetas de Postres®

Alberlin Torres

[ALBERLIN]
Great books for life

Título: Días de cocina Recetas de Postres®

Autor: Alberlin Torres ©2016

Editado por: Alberlin Torres

ISBN: 9781982989903

 @AlberlinT

©2016 1ra Impresión

Impreso en U.S.A

10 9 8 7 6 5 4 3 2 1 0

Tabla de Contenido

Introducción
Capítulos

Acerca del Autor

Introducción

Días de cocina Recetas de Postres, es otro libro práctico de mucha utilidad a la hora de realizar ricos postres en el hogar como un chef profesional, aprenda el arte de la preparación de postres de una manera fácil creativa y rápida.

Durante estos años me he dedicado a escribir variedad de libros enfocados en el arte de la cocina, y este es uno de mis libros favoritos, debido a que me gusta disfrutar de un buen postre, estoy seguro que con estas prácticas recetas usted sorprenderá a sus invitados, familiares, amigos en el hogar y en especial a sus hijos.

Quizás usted se pregunte ¿no se cocinar postres? Bueno esta es la herramienta de que debe tener todo persona en el hogar para preparar prácticas recetas de postres. El mundo de la repostería es amplio y se pueden crear diversidad de platos con mucha creatividad y sencillez que con tan solo verlo provoque comérselo.

Si ya ha realizados todas las recetas de Días de Cocina 1 y 2, mi deseo con este libros **Días de cocina Recetas de Postres,** es seguir enseñándole nuevas recetas prácticas y fáciles de hacer en el hogar como todo un chef profesional.

Alberlin Torres

1-Torta de Chocolate

Ingredientes:

- 1 1/2 Taza de azúcar morena
- 1/3 de Taza de cacao o chocolate en polvo
- 1 Taza de leche
- 150 g. de chocolate negro en trozos
- 125 g, de mantequilla
- 1 Cdta. de esencia de vainilla
- 3 Huevos (separar las claras de las yemas)
- 2 Tazas de harina
- 1 Cdta. de bicarbonato
- 1 Cdta. de polvo para hornear
-

Relleno y glaseado de chocolate

- 2 Latas de leche condensada
- 300 g. de chocolate negro
- 1 Taza de leche
- 1 Cda. de mantequilla
- 1 Taza de nueces picaditas
- Guindas rojas y verdes para decorar (opcional)

Preparación:

Precalentar el horno a 350° C.

Engrasar y espolvorear con harina los dos moldes donde se va a verter la mezcla.

Deben ser redondos, profundos y con un diámetro de aproximadamente 20 centímetros. En una olla, a temperatura media, derretir el cacao o chocolate en polvo con la taza de leche y la mitad del azúcar morena.

Posteriormente, agregar los 150 gramos de chocolate negro en trozos. Al estar derretido, dejar enfriar. Colocar en la batidora eléctrica el resto del azúcar y la mantequilla. Batir hasta que quede cremosa.

Agregar la esencia de vainilla, las yemas de huevo una a una y la mezcla de chocolate ya enfriada. Unir todo muy bien. Añadir la harina, el bicarbonato y el polvo para hornear. Mezclar en forma envolvente.

Repartir la mezcla en dos moldes y hornear por 35 minutos. Para verificar que estén listos, pinchar la torta con un palito de metal y si este sale limpio es que la preparación ya está cocinada.

En una olla, derretir el chocolate negro picado en trozos, las dos tazas de leche condensada y una taza de leche. Al estar cremoso agregar una cucharada de mantequilla para darle brillo a la crema. Rellenar las tortas con un poco de crema de chocolate, montar una sobre otra y cubrirlas con la misma crema utilizando una espátula. Adornar con nueces picaditas o guindas rojas y verdes.

2-Manzanas Rojas con Caramelo

Ingredientes:

(4 personas)

- 4 Manzanas rojas
- 400 g de azúcar
- ½ limón
- 60 gr de Mantequilla
- Colorante Rojo

Preparación:

En una sartén disponer el azúcar, una cucharada de agua y el zumo de limón. Calentar unos minutos hasta que el azúcar este un poco disuelta. Agregar la mantequilla y mezclar. Seguir cocinando a fuego bajo hasta obtener un caramelo liquido.

Por último añadir el colorante rojo al caramelo y mezclar. Pincha las manzanas en un palillo largo de madera, y cubre la fruta con el caramelo rojo. Procura cubrir bien toda la superficie de la manzana. Esperar a que enfríe para que el caramelo solidifique y disfrutar.

Ingredientes:

(8 personas)

- 52 galletas de vainilla, finamente trituradas (unas 2 tazas)
- 3 cucharadas de mantequilla o margarina, derretidas
- 4 huevos, cantidad dividida
- 4 paquetes (8 oz cada uno) de queso crema PHILADELPHIA Cream Cheese, ablandados
- 1-3/4 taza de azúcar, cantidad dividida
- 3 cucharadas de harina
- 1 cucharada de cáscara rallada de 2 limones amarillos (lemons) y 1/3 taza de su jugo, cantidad dividida
- 1/2 cucharadita de vainilla
- 2 cucharadas de maicena (fécula de maíz)
- 1/2 taza de agua

Preparación:

Mezclamos 120 gr. de azúcar glas, la harina, la mantequilla, el huevo entero y un poquito de colorante alimentario en un bol grande. Hacemos una bola, la envolvemos en film y la dejamos reposar 15 minutos en la nevera. Precalentamos el horno a 180°.

Calienta el horno a 325°F.

Forra un molde de 13x9 pulgs. con papel para hornear (parchment paper), con los extremos del papel extendiéndose sobre los lados. Mezcla bien las migajas con la mantequlla; presiona la mezcla sobre el fondo del molde preparado. Horneálo 10 min.

Separa 1 huevo; refrigera la yema para usar luego. Bate bien el queso crema, 1 taza de azúcar, la harina, la cáscara rallada de limón, 2 cdas. del jugo de limón y la vainilla en un tazón grande utilizando la batidora. Agrega la clara de huevo y los 3 huevos enteros restantes, uno a uno, batiéndolos a velocidad baja cada vez que añadas otro justo hasta que se mezclen bien. Vierte el batido sobre la corteza.

Hornea el cheesecake 40 min. o hasta que el centro casi se cuaje. Enfríalo 1 hora. Refrigéralo 4 horas.

Mezcla la maicena y el azúcar restante en una cacerola mediana; poco a poco añade y revuelve el agua y el jugo de limón restante hasta que quede mezclado. Deja que suelte el hervor a fuego medio, revolviendo constantemente; cocínalo y revuélvelo hasta que la mezcla esté clara y se espese. Bate levemente la yema reservada en un tazón pequeño con un tenedor; incorpora 2 cdas. de la mezcla de maicena caliente. Devuelve esto a la mezcla de maicena restante en la cacerola; revuelve hasta que esté todo mezclado. Cocínalo 1 min. o hasta que espese, revolviendo constantemente. Enfríalo un poco.

Pon a cucharadas el glaseado de limón sobre el cheesecake. Refrigéralo 1 hora o hasta que se endurezca. Utiliza las manijas de papel para hornear para sacar el cheesecake del molde y córtalo al servir.

4-Mango en Almíbar

Ingredientes:

(4 personas)

- 12 mangos pintones
- 3 tazas de agua
- 2 tazas de azúcar
- 2 ramitas de canela
- 2 clavos de olor

Preparación:

Se pelan los mangos pintones, se les cortan los cachetes de cada lado. En una olla se coloca el agua, el azúcar, la canela y los clavos de olor. Se pone a hervir junto con los cachetes. Cuando estos estén cocidos se retira el almíbar.

Si el almíbar no se ha espesado, se vuelve a cocinar para que espese. Cuando estén listos, se dejan enfriar. Se sirven en una dulcera adornados con hojas de menta. Con el mango que sobra se puede hacer jugo.

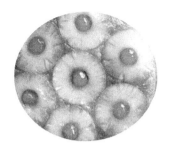

5- Torta de Piña

Ingredientes:

(10 personas)

- 80 gr. de mantequilla
- 6 Cdas. de azúcar
- 1 Lata de piña en almíbar
- 2 Tazas de harina leudante
- 1 Cda. de polvo para hornear
- 1 Taza de azúcar morena
- 3 Cdas. de aceite
- 1 Taza de jugo de piña
- 1 Cdta. de vainilla
- 3 Huevos
- 5 Guindas rojas picadas por la mitad

Preparación:

Debemos precalentar el horno a 350°F.

Luego derretir mantequilla en el molde para tortas de su preferencia. Agregar las 6 cucharadas de azúcar y un poco del almíbar de las piñas.

Dejar dorar el sirop y colocar las rodajas de piña en el fondo del molde para que doren un poco. Retirar del fuego.

Aparte, preparar la torta. Batir los huevos y agregar el azúcar morena y el aceite hasta que quede cremoso. Mezclar la harina con el polvo para hornear sin batir demasiado. Añadir la vainilla. Una vez homogénea la mezcla, verter en el molde, encima de las piñas.

Hornear por media hora o hasta que esté dorada y que al introducir *un cuchillo salga limpio. Adornar con guindas rojas picadas por la mitad que se distribuyen por la superficie de la torta.*

6-Helado con Frutas y Durazno

Ingredientes:

(4 personas)

- 1 Lata de Duraznos en almíbar
- 6 Fresas
- 1 Paquete de galletas dulces
- 1 Sobre de crema chantillí
- 1 Tarro de Helado sabor Mantecado

Preparación:

En una tabla pica las frutas, las fresas en rodajas y los duraznos en tiras, fíjate en la fotografía. Puedes hacer tú mismo los duraznos en almíbar siguiendo esta receta. En una copa coloca las frutas y agrega galletas dulces de tu preferencia, puedes añadir la cantidad de galletas deseada.

Aparte, prepara la crema chantilly con un poco de leche como lo indica el sobre, coloca en la copa una bola de helado sabor a mantecado para seguir con la preparación del postre helado con frutas. Sirve tu copa de helado con crema chantilly y agrega más frutas al gusto.

7-Tronco de Navidad de Chocolate

Ingredientes:

(4 personas)

- 100 gr Mantequilla
- 250 g chocolate de cobertura
- 3 Cda. de harina tamizada
- 3 Cda. de azúcar
- 3 huevos
- 150 g Mantequilla

Preparación:

Empezamos el tronco de navidad prepararando un bizcocho fino: batir las claras con varillas eléctricas hasta montarlas ligeramente. Incorporar el azúcar poco a poco hasta que se queden bien firmes.

Agregar las yemas una a una, batir a mano con unas varillas metálicas. Por último, añadir la harina tamizada con movimientos envolventes hasta lograr una masa homogénea. Engrasar una fuente de horno con mantequilla.

Repartir la crema, extendiéndola con una espátula y cocer en horno precalentado a 180 °C durante 6 minutos.

Retirar el bizcocho del horno y ponerlo sobre una superficie plana sobre un paño de algodón humedecido.

Cubrir con la crema de castañas mezclada con el cacao amargo y enseguida enrollar antes de que se enfríe. Dejar enfriar completamente.

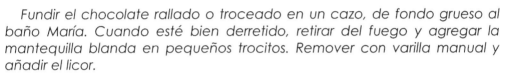

Fundir el chocolate rallado o troceado en un cazo, de fondo grueso al baño María. Cuando esté bien derretido, retirar del fuego y agregar la mantequilla blanda en pequeños trocitos. Remover con varilla manual y añadir el licor.

Dejar reposar un poco y entonces cubrir el bizcocho, repartiéndolo cuidadosamente con una espátula. Dejar que solidifique un poco, y pasar los dientes de un tenedor para marcar los nervios de un árbol.

8-Pie de Yogur y Cerezas

Ingredientes:

(2 personas)

- 4 yogures naturales
- 1 taza de leche evaporada
- 1/2 taza de azúcar
- 3 cdas. de gelatina sin sabor
- 1 limón
- 1 taza de galletas de vainilla
- 2 cdas. de mantequilla derretida
- 125 g ó 1/2 taza de mermelada de frambuesa o cereza
- Hojas de menta o hierbabuena

Preparación:

Rallar la cáscara de limón y exprimir. Mezclar el yogur en un recipiente con el jugo y la ralladura de limón, el azúcar y la leche. Disolver las cucharadas de gelatina en agua fría (1/2 taza), calentar y añadir a la crema de yogur.

Triturar las galletas y unir con la mantequilla derretida. Colocar la masa de galletas en el fondo del molde, y, encima, la mezcla de yogur. Refrigerar por varias horas para que cuaje. Prepararlo, preferiblemente, desde el día anterior. Desmoldar y cubrir con la mermelada. Adornar con cerezas frescas y hojas de menta o hierbabuena.

9-Torta de Brownie

Ingredientes:

(8 personas)

- 2 Tazas de harina todo uso
- 2 Tabletas de chocolate amargo de 150 gr. c/u
- 125 gr. de mantequilla sin sal
- 1 1/2 Taza de azúcar
- 1 Cda. de polvo de hornear
- 3 Huevos ligeramente batidos
- 1/2 Taza de cacao en polvo
- 1 Cdta. de vainilla
- 125 gr. de nueces picadas (Dejar algunas enteras para adornar)
- 1/2 Taza de azúcar glass para decorar
- Utensilio: 1 molde para tortas desmontable, 1 colador de metal

Preparación:

Enmantequillar y enharinar muy bien el molde para tortas, en el fondo y por los bordes. Derretir a fuego medio el chocolate amargo con la mantequilla (en una olla de fondo grueso).

Agregar el azúcar y cuando todo esté diluido agregar los huevos batidos poco a poco, mientras se resuelve con una cuchara de madera. Aparte, en un recipiente, mezclar la harina, el polvo de hornear y el cacao en polvo. Añadir a la mezcla de chocolate en forma envolvente. Agregar las nueces picadas y la vainilla.

Mezclar todo y colocar en el molde para tortas. Cocinar en el horno por 35 minutos a 400°F. Introducir un palito metálico o de madera para determinar cuándo está lista.

Cuando este salga limpio, indica que la torta ya secó y que se puede sacar del horno. Sacarla, dejar reposar y servir tibia con helado de vainilla. Adornar con nueces enteras y espolvorear con azúcar glass utilizando un colador de metal.

Dejar reposar un poco y entonces cubrir el bizcocho, repartiéndolo cuidadosamente con una espátula. Dejar que solidifique un poco, y pasar los dientes de un tenedor para marcar los nervios de un árbol.

10-Mermelada de Manzanas y Ciruela

Ingredientes:

- 6 Manzanas verdes
- 12 Ciruelas pasas sin semillas
- 1 Cebolla morada picadita
- 1 Taza de vinagre de sidra o vino blanco
- 1 1/2 Taza de azúcar moreno
-

Preparación:

Primero debemos piicar las manzanas peladas, las cebollas moradas y las ciruelas pasas, sin semillas, en cuadritos. Colocar en una olla todo picadito y agregarle el vinagre y el azúcar. Revolver y poner a cocinar a fuego mediano hasta que espese y quede como mermelada. Dejar enfriar. Acompañar a la terrina de cochino.

11-Pie de Limón

Ingredientes:

(4 personas)

- 1 Paq. de galletas María
- 3 Cdas. de azúcar
- 00 g. de mantequilla
- Relleno
- 1 Taza de queso crema
- 1 Lata de leche condensada
- I jugo de 5 limones
- La ralladura de 2 limones
- 4 Yemas de huevo
- Suspiro
- 4 Claras de huevo
- 4 Cdas. de azúcar
-

Preparación:

Triturar las galletas María. Derretir la mantequilla y agregar a las galletas trituradas junto con el azúcar. Mezclar bien y cubrir con la preparación el fondo de un molde para pie.

Preparar el relleno

Batir el queso crema, agregar la leche condensada, las yemas una a una, *la ralladura y el jugo de los limones. Rellenar el molde y hornear durante media hora a 350° F. Cuando esté listo, sacar del horno y dejar enfriar. Batir las claras de huevo a punto de suspiro y agregar el azúcar poco a poco. Adornar la superficie del pie con los suspiros. Si gusta dorar los suspiros, hornear en broil por tres minutos.*

12-Crepe con Frutas Frescas

Ingredientes:

- 3 huevos
- 150 g Mantequilla
- 1 y 1/2 Tazas de harina todo uso
- 2 Huevos
- 1 Taza de leche
- 1 Cda. de mantequilla derretida
- 1 Cdta. de azúcar
- Frutas
- 1 Manzana verde
- 1 Manzana roja
- 200 g. de fresas frescas
- 4 Duraznos
- 200 g. de uvas negras

Preparación:

Licuar todos los ingredientes y, en una sartén de teflón con un poco de mantequilla, preparar las crepes. Colocar cada crepe dentro de un molde. Hornear por quince minutos a 350º F, hasta que se conviertan en una cestita dorada.

Dejar enfriar dentro del molde para que no pierdan la forma. Cortar las frutas a su gusto y rellenar cada cestita. También puede agregar *helado de vainilla, chocolate, crema pastelera o crema batida. Adornar con hojas de menta o hierbabuena.*

13-Ponqué Cupcake

Ingredientes:

(8 personas)

- 3 huevos
- 1/2 taza de aceite o de mantequilla
- 1 taza de harina leudante
- 1/2 cdta. de polvo de hornear
- 1 cdta. de vainilla, la ralladura de una naranja o de dos limones
- 1/2 taza de chispas de chocolate
- 2 cdas. de azúcar
- Capecillos pequeños
- Moldes para ponquecitos

Preparación:

Mantener los huevos y la mantequilla a temperatura ambiente. Batir los huevos. Agregar el azúcar, el aceite o mantequilla, la harina, el polvo de hornear y el sabor de su gusto (vainilla, ralladuras o chispas de chocolate). Mezclar bien y colocar en capecillos dentro de cada molde.

Llenarlos por la mitad. Una vez que coloca el ponqué en el horno, no abrirlo en el tiempo indicado para que pueda subir. Precalentar el horno a 350 °F. Hornear por 15 minutos o hasta que salga el palito medidor limpio.

Preparar la cubierta que más guste y agregar a los ponquecitos después que se hayan enfriado. Decorar cada ponquecito con lluvia de colores o de chocolate. Cuando no se usa harina leudante, sino todo uso, es importante agregar más polvo de hornear para que suba correctamente.

14-Marquesa de Chocolate

Ingredientes:

- 2 Paquetes de Galletas dulces
- 100 Gramos de Chocolate para derretir
- 90 Gramos de Crema de leche
- 1 Vaso pequeño de Leche
- 1 Tarro de Leche condensada

Preparación:

Un plato hondo pero amplio, coloca la leche y mézclala con la leche condensada al gusto. Pasa tus galletas María por la leche moviéndolas un poco para que se impregnen de la leche. Luego, colócalas en una refractaria tapando muy bien la base, si tus galletas son redondas vas a emplear más.

Luego vamos a preparar la salsa de chocolate que es muy fácil. Para ello, calienta en el microondas la crema de leche durante 3 minutos, sácala y verás que está hirviendo, agrega el chocolate para derretir finamente picado y mezcla hasta que esté líquido por completo

Ahora cubre la primera capa con galletas, un poco de salsa y vuelve a repetir el paso de humedecer las galletas en leche y colocarlas sobre la capa de chocolate. Vuelve a cubrir con más salsa de chocolate y empieza de nuevo hasta terminar todas las capas, debes finalizar con salsa de chocolate y llevar la marquesa a la nevera durante 1 hora.

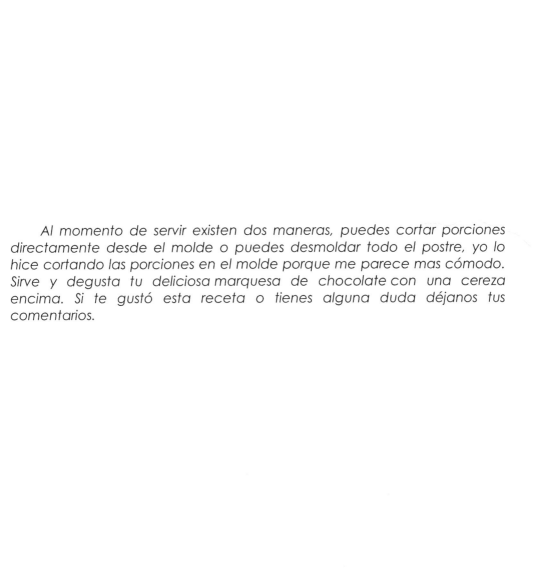

Al momento de servir existen dos maneras, puedes cortar porciones directamente desde el molde o puedes desmoldar todo el postre, yo lo hice cortando las porciones en el molde porque me parece mas cómodo. Sirve y degusta tu deliciosa marquesa de chocolate con una cereza encima. Si te gustó esta receta o tienes alguna duda déjanos tus comentarios.

15-Creps de Fresa con Queso Crema

Ingredientes:

(8 personas)

Creps

- 1 Taza de Harina de trigo
- 1 Unidad de Huevo
- 1 Cuchara sopera de Azúcar
- 1 Taza de Leche
- 2 Cucharadas de postre de Mantequilla derretida

Relleno

- 1 Taza de Queso crema
- ½ Taza de Azúcar glass
- ½ Unidad de Limón (zumo y ralladura)
- 20 Unidades de Fresa

Preparación:

Estas crepas dulces con fruta son muy fáciles de hacer. Para empezar preparemos precisamente las crepas, para ello mezcla todos los ingredientes hasta obtener una masa homogénea.

A continuación, calienta una sartén con un poco de mantequilla o aceite y añade una porción de masa. Baja ligeramente la llama y deja que la masa se extienda por toda la sartén, cuando empiecen a salir *burbujas, dale la vuelta y cocina por el otro lado. Repite la operación hasta acabar con la masa de las crepas dulces.*

Aparte, para hacer la crema, mezcla con una batidora eléctrica el queso junto con el azúcar, el zumo y la ralladura de limón. Mezcla todo hasta conseguir una crema suave, puedes añadir vainilla o cualquier otra esencia si lo deseas.

Con todo ya listo, solo nos queda armar las crepas de fresas y queso crema. Para hacerlo, coloca una capa generosa de la mezcla de queso sobre cada crepa y encima añade rodajas de fresa al gusto. Luego enróllalas o dobla de la forma que más te guste.

Las crepas de fresa y queso crema las puedes servir como desayuno o postre. Una opción muy elegante, sería cortar los rollos en taquitos y bañar con una salsa de chocolate o leche condensada para la mesa de postres o aperitivos navideños.

16-Fresas con Chocolate

Ingredientes:

(12 personas)

- 2 Paquetes de Galletas dulces
- 1 Tableta de Chocolate blanco
- 1 Tableta de Chocolate negro
- 1 Paquete de Fresas
- 1 Taza de Frutos secos troceados
- Brochetas de madera

Preparación:

Hacer las típicas fresas decoradas con chocolate es muy fácil, a la hora de reunir los ingredientes ten presente que puedes usar cualquier tipo de chocolate para bañar la fruta, así como cualquier tipo de extras para los detalles finales, como virutas de colores, etc.

Primero lava muy bien las fresas y pínchalas en los palillos de madera. De esta forma será mucho más fácil bañarla en el chocolate.

Para derretir el chocolate puedes utilizar el microondas o un olla para hacerlo al baño María. Trocea la tableta de cada sabor por separado y derrite poco a en el microondas, a máxima potencia de 15 en 15 segundos.

Para bañar las fresas solo necesitas imaginación. Puedes introducir las fresas enteras en el chocolate o cubrirlas con hilos de éste. Recuerda que también puedes pegar caramelos, frutos secos o cualquier otro extra que quieras para adornarlas.

Disfruta de las fresas con chocolate para sorprender a alguien especial, para hacer un regalo original o para decorar una mesa de postres. Lo mejor de esta receta fácil es que tu imaginación y creatividad son la clave secreta, como con la receta de las fresas de Navidad.

17-Galletas con Chispas de Chocolate

Ingredientes:

(10 personas)

- 1 Tarro de Leche condensada3 huevos
- 150 gramos de azúcar blanca
- 200 gramos de azúcar moreno
- 1 ½ cucharadita de vainilla
- 300 gramos de mantequilla
- 500 gramos de harina
- 150 gramos de chispas de chocolate

Preparación:

Mezcle los azúcares con la mantequilla. Añada los huevos uno por uno y agite. Agregue la vainilla, luego la harina de trigo y remueva hasta que obtenga una masa homogénea. Incorpore las chispas de chocolate y mezcle con una espátula.

En una bandeja para hornear previamente untada con mantequilla y enharinada, colocar con ayuda de una cuchara porciones de la masa.

Hay que dejar suficiente espacio entre cada porción, ya que la masa se extenderá mientras se cocinan. Hornea a 200°C durante 10 minutos o hasta que estén ligeramente doradas.

18-Tarta de Queso Philadelfia

Ingredientes:

(8 personas)

- 75 g de galletas Fontaneda
- 30 g de mantequilla
- 350 g de nata
- 350 g de queso Philadelphia Original
- 40 g de azúcar
- 5 g de gelatina Royal en polvo
- 1 tarro de confitura
- Frutas del bosque

Preparación:

Desmenuza las galletas. Añade la mantequilla derretida y trabaja la mezcla. Colócalo en el molde y déjalo enfriar 10 minutos en la nevera. Por otro lado, pon a hervir la nata, el azúcar y Philadelphia. Fuera del fuego cuélalo y añade la gelatina

Introduce la mezcla en el molde y guárdalo seis horas en la nevera antes de servirlo. Después cubre la tarta con la confitura y decórala con frutas del bosque

19-Galletas de Navidad

Ingredientes:

(8 personas)

- 120 gr. azúcar glas
- 200 gr. azúcar glas para decorar
- 400 gr. harina de repostería
- 240 gr. mantequilla
- 1 ud. huevo entero
- 1 ud. huevo clara
- 1 chorro limón
- 1 pizca colorante alimentario

Preparación:

Mezclamos 120 gr. de azúcar glas, la harina, la mantequilla, el huevo entero y un poquito de colorante alimentario en un bol grande. Hacemos una bola, la envolvemos en film y la dejamos reposar 15 minutos en la nevera. Precalentamos el horno a 180º.

Extendemos la masa hasta dejarla con medio centímetro de grosor. La cortamos con corta-pastas de diferentes formas y horneamos las galletas unos 15 minutos a 170º o hasta que estén doradas.

Para decorar, mezclamos 200 gr de azúcar glas, la clara del huevo y un chorrito de limón. Separamos la glasa en varios boles, añadimos el colorante que más nos guste a cada uno y decoramos las galletas utilizando una manga pastelera de boquilla fina.

20-Torta de Brownie con Mantequilla de Maní

Ingredientes:

(10 personas)

- 1 paquete (de 19 a 21 oz) de mezcla para bizcochos de chocolate (brownies) (molde de 13x9 pulgs.)
- 2 paquetes (3.4 oz cada uno) de pudín instantáneo sabor vainilla JELL-O Vanilla Flavor Instant Pudding
- 2 tazas de leche fría
- 3/4 taza de mantequilla de maní (cacahuate) cremosa, cantidad dividida
- 2 tazas de cobertura COOL WHIP Whipped Topping

Preparación:

Mezclamos 120 gr. de azúcar glas, la harina, la mantequilla, el huevo entero y un poquito de colorante alimentario en un bol grande. Hacemos una bola, la envolvemos en film y la dejamos reposar 15 minutos en la nevera. Precalentamos el horno a 180°.

Calienta el horno a 350°F.

Prepara el batido para el brownie siguiendo las instrucciones del paquete; viértelo en un molde para hornear de 13x9 pulgs. que hayas rociado con aceite en aerosol. Hornéalo 40 min. o hasta que al insertar un palillo de dientes en el centro, este salga con migajas pegajosas. (No lo hornees demasiado.) Déjalo enfriar por completo.

Hazle 24 agujeros a la masa de brownie desde arriba de forma tal que les quede una pequeña capa de masa en el fondo. Reserva los pedazos que extraigas.

Bate los polvos para pudín con la leche en un tazón mediano utilizando un batidor de varillas durante 2 min. Agrega 2/3 taza de mantequilla de maní; revuélvela bien. Incorpora la cobertura COOL WHIP. Pon esta preparación sobre el bizcocho; ponle los pedazos de brownie que reservaste. Cocina en el microondas el resto de la mantequilla de maní en un tazón apto para tal uso a potencia ALTA durante 30 segundos; revuélvela. Rocíala sobre el postre. Pon el postre en el refrigerador 2 horas o hasta que se enfríe.

21-Melocotones al Vino

Ingredientes:

(6 personas)

- 1 lata grande de melocotones en almíbar
- 2 tazas de vino tinto
- 100 g de azúcar
- 2 vainas de vainilla
- Hojitas de menta o hierbabuena frescas

Preparación:

Escurrir los melocotones y guardar el almíbar. Verter en una olla el almíbar con el vino tinto, el azúcar y la vainilla. Cocinar a fuego medio para que se reduzca a la mitad y espese el almíbar. Colocar las mitades de melocotones en una copa para dulce, cubrir con la salsa y adornar con las hojitas de menta o hierbabuena frescas. También puede acompañar con helado de mantecado o crema batida.

Notas: Sí utiliza melocotones frescos, debe comprarlos bien maduros para que estén más dulces. Previamente debe cocinarlos en agua con azúcar a partes iguales, escurrirlos y picarlos por la mitad. Luego, agregar la salsa de vino tinto al momento de servirlos.

22-Pay de Chocolate y Caramelo

Ingredientes:

(8 personas)

- 18 galletas OREO Cookies, finamente trituradas (aprox. 1-1/2 taza)
- 3 cucharadas de mantequilla, derretida
- 4 onzas (1/2 pqte. de 8 oz) de queso crema PHILADELPHIA Cream Cheese, ablandado
  2 cucharadas de salsa de caramelo para helados
- 1 taza de cobertura COOL WHIP Whipped Topping descongelada
  1 paquete (3.9 oz) de pudín instantáneo sabor de chocolate JELL-O Chocolate Flavor Instant Pudding
- 1-1/2 taza de leche fría

Preparación:

Combina las migajas de galleta con la mantequilla; presiónalas contra el fondo y los lados de un plato para tarta (pay) de 9 pulgs. que hayas rociado con aceite en aerosol. Refrigéralas para más tarde.

Mezcla bien el queso crema con la salsa de caramelo en un tazón mediano. Incorpórale con cuidado el COOL WHIP; espárcelo en el fondo de la base.

Bate el polvo seco del pudín con la leche utilizando un batidor de varillas durante 2 min.; viértelo sobre la capa de queso crema. Refrigera el postre 3 horas.

23-Pastel de Zanahoria

Ingredientes:

(8 personas)

- 155 gramos de azúcar moreno
- 120 gramos de harina integral
- 40 gramos de harina de trigo
- 130 gramos de zanahoria rallada
- 145 ml de aceite de oliva suave
- 1 cucharada de miel
- Media cucharada de canela en polvo
- Media cucharada de bicarbonato
- Una pizca de sal
- 2 huevos medianos
- 50 gramos de nueces picadas
- 50 gramos de pasas

Preparación:

Lo primero que haremos será precalentar el horno a 170º de temperatura, con el calor activado por arriba y por abajo. También vamos a forrar un molde con papel para hornear. Y con estos pasos previos, nos vamos a poner ya con la receta.

En un recipiente bien amplio, vamos a mezclar los huevos con el azúcar, la miel y la canela, y vamos a batir bien con unas varillas, hasta que el azúcar quede bien integrado con el resto de ingredientes. Nos debe quedar una masa cremosa.

Por otro lado vamos a tamizar la harina para quitarle las impurezas y grumos que pudiera tener. Añadimos la sal y el bicarbonato y lo mezclamos todo bien. Y después vertemos el contenido de este segundo recipiente en el primero, pero hay que hacerlo poco a poco, y sin dejar de mezclar todo bien. No lo hagas de golpe porque será mucho más complicado integrar la harina.

Limpia y pela las zanahorias, y luego rállalas con un rallador o picador, y agregas unos 130 gramos de la misma junto a las nueces troceadas, y remueves para que se mezcle con la masa anterior lo mejor posible y queden bien repartidas. Vierte esa masa sobre el molde, intentando que quede bien repartido, y metemos en el horno, que ya debe estar a 180ºC, y horneamos durante unos 45-50 minutos.

Nunca saques la tarta sin comprobar que el interior está bien hecho, ya que puedes encontrarte con la sorpresa que quede crudo el interior. Pincha con un cuchillo y hasta que no salga bien limpio no estará lista para sacar. Intenta también que no se queme por fuera. Cuando la saques del horno, deja enfriar un poco y cuando esté templada la desmoldas, y la dejas enfriar del todo antes de servir.

24-Postre Helado de Galletas de Chocolate y Mantequilla de Maní

Ingredientes:

(8 personas)

- 120 gr. azúcar glas
- 30 galletas OREO Cookies, finamente trituradas (aproxi. 2-1/2 tazas)
- 3 cucharadas de mantequilla, derretida
- 1 taza de mantequilla de maní (cacahuate) cremosa
- 7 tazas de helado de vainilla, ablandado
- 1 envase (8 oz) de cobertura COOL WHIP Whipped Topping (No la descongeles.)
- 1-1/2 paquetes (4 oz cada uno) de chocolate semidulce BAKER'S Semi-Sweet Chocolate (6 oz), partido en pedazos
- 1/2 taza de cacahuates (maníes) para coctel PLANTERS COCKTAIL Peanuts, picados gruesos

Preparación:

Mezcla las migajas y la mantequilla; presiónala contra el fondo de un molde de 13x9 pulgs. Congélalas hasta cuando las necesites. Pon la mantequilla de maní en un tazón pequeño y cocínala en el microondas a potencia ALTA durante 1 min.; revuélvela. Incorpora la mantequilla de maní al helado a modo de remolino; esparce esto sobre la base de galletas. Congélala 30 min.

Pon el COOL WHIP y el chocolate en un tazón apto para microondas y cocínalo, revolviendo cada minuto, a potencia ALTA de 1-1/2 a 2 min. o hasta que se derrita el chocolate y todo esté bien mezclado.

Esparce la mezcla de COOL WHIP sobre la capa de helado; pon encima los cacahuates. Congela el postre 4 horas. Sácalo 10 min. antes de servir; déjalo reposar a temperatura ambiente a fin de ablandarlo un poco antes de cortarlo.

25-Cuadritos congelados de Mousse de Fresas y Chocolate Blanco

Ingredientes:

(10 personas)

- 100 gr Mantequilla
- 20 galletas de chocolate rellenas con crema de chocolate OREO Chocolate Creme Cookies, trituradas finas (aprox. 1 taza)
- 1/4 taza de mantequilla, derretida
- 1-1/2 paquetes (4 oz cada uno) de chocolate blanco BAKER´S White Chocolate (6 oz), cantidad dividida
- 2 envases (8 oz cada uno) de queso crema untable PHILADELPHIA Cream Cheese Spread
- 1 lata (14 oz) de leche condensada azucarada
- 1 taza de fresas frescas molidas
- 1 taza de cobertura COOL WHIP Whipped Topping descongelada

Preparación:

Mezcla las galletas trituradas con la mantequilla; presiona esto contra el fondo de un molde cuadrado de 9 pulgadas, forrado con envoltura plástica.

Derrite 5 oz de chocolate como se indica en el paquete. Bate el queso crema untable en un tazón grande con una batidora hasta que quede cremoso. Poco a poco, añade batiendo la leche. Incorpora el chocolate *derretido y las fresas. Incorpora el COOL WHIP con un batidor de varillas; distribuye la mezcla sobre la base de galletas.*

Congela el postre durante 6 horas o hasta que esté firme. Sácalo del congelador 15 min. Antes de servirlo. Raspa el pedazo restante de chocolate para formar rizos; acomoda estos sobre el postre. Usa la envoltura plástica para desmoldar el postre antes de cortarlo en cuadritos.

26- Bombones de Malvaviscos y Cereza

Ingredientes:

(10 personas)

- 200 Gramos de Mantequilla
- 1 Paq. De 8 Oz de chocolate para hornear
- 16 cerezas
- 16 malvaviscos grandes

Preparación:

Precalentar el horno a 350°F.

Derrite el chocolate en una cacerola pequeña a fuego bajo, revolviendo de vez en cuando. Coloca el chocolate en un recipiente pequeño. Deja enfriar ligeramente. Escurre las cerezas sécalas a palmaditas.

Haz un hueco en cada malvavisco con el dedo, inserta la cereza en el hueco. Utilizando un tenedor para sostener el fondo del malvavisco, báñalo en chocolate hasta cubrir parte de la cereza, sacude suavemente para eliminar el exceso de chocolate.

Coloca sobre una bandeja (plancha) para galletas cubierta con papel de cera, tapa. Enfría en la nevera de 20 a 30 minutos o hasta que el chocolate esté firme. Guarda en la nevera en un recipiente hermético hasta servir.

27- Bizcocho con forma de corazón

Ingredientes:

(10 personas)

- 200 Gramos de Mantequilla
- 200 Gramos de Azúcar
- 200 Gramos de Harina
- 4 Huevos
- ½ litro de Leche
- 4 Gramos de Polvo de hornear

Preparación:

Precalentar el horno a 350°F.

El primer paso para realizar este postre tan especial es alistar todos los ingredientes. Luego, batimos la mantequilla con el azúcar hasta que quede una mezcla cremosa.

Agregamos el aceite y la esencia en forma de hilo y seguimos batiendo para realizar la masa del bizcocho para San Valentín. Agregamos la mitad de los huevos y de la leche y batimos.

Añadimos la mitad de la harina previamente tamizada junto con el polvo de hornear y seguimos batiendo. Luego, agregamos los huevos y la leche que faltan, terminamos con el resto de la harina.

Colocamos la masa del bizcocho en un molde previamente engrasado con una capa de mantequilla y una de harina para evitar que

se pegue. Horneamos a 170ºC hasta que esté completamente cocinado, retiramos y dejamos enfriar. Decoramos el bizcocho con forma de corazón con crema chantilly pintada de rosa. Para hacerlo, necesitaremos una manga pastelera con boquilla rizada y haremos, con mucha paciencia, pequeños puntos hasta cubrir toda la tarta.

28- Cheesecake de Maracuyá (Parchita)

Ingredientes:

(10 personas)

- 232,8 Gramos de Galletas tipo Sultanas
- 62,5 Gramos de Mantequilla sin sal
- 4 Unidades de Maracuyá (fruta de la pasión)
- 15 Gramos de Gelatina sin sabor
- 200 Gramos de Queso crema
- 200 Gramos de Leche condensada
- 250 Mililitros de Crema de leche
- 1 Taza de Azúcar blanca

Preparación:

Precalentar el horno a 350°F.

Retirar la pulpa del maracuyá de las cáscaras, licuar y luego colar para separar los pedazos de semillas. Separar 125 ml. de pulpa licuada para la decoración

Aparte, muele las galletas con ayuda del procesador y mezcla con la mantequilla derretida para formar la base de galletas de la tarta de queso. Haz una costra en el fondo de un molde, previamente engrasado, aplastando las galletas molidas y reserva en la nevera para que solidifique.

A continuación haz la masa de maracuyá y queso. Para ello, por un lado, bate la crema de leche con el azúcar a punto de chantilly y por otro, mezcla el queso crema con la leche condensada hasta que no queden grumos, incorporando los 125 ml. de pulpa de maracuyá.

Aparte, hidrata la gelatina sin sabor en 1/2 taza de agua e incorpora a la mezcla con queso crema. Luego, incorpora a ésta la salsa chantilly mezclando de forma envolvente. Vierte la masa de la tarta de queso sobre la base de galletas y deja en la nevera hasta que cuaje.

Para hacer la decoración final, cuando el cheescake ya haya cuajado, se mezcla la pulpa y el azúcar, y se lleva a fuego medio hasta que se espese ligeramente. Inmediatamente se agregan las 2 láminas de gelatina previamente hidratadas.

Se deja enfriar y con esto se cubre el cheesecake previamente preparado que ya debe haber cuajado. Terminamos con algunas semillas de maracuyá.

29- Gelatina con Duraznos

Ingredientes:

(10 personas)

- 1/2 taza (1 barra) de mantequilla
- 1 1/2 tazas de galletas María molidas (aproximadamente 30 galletas) o de wafers de vainilla (aproximadamente 45 galletas)
- 1 sobre (0.25 oz.) de gelatina sin sabor
- 1/3 taza de jugo de limón fresco (aproximadamente 2 limones)
- 1 lata (12 fl. oz.) de leche evaporada
- 1 lata (12 fl. oz.) de leche evaporada
- 1 paquete (8 oz.) de queso crema, suavizado y cortado en cubitos
- 1 lata (15 1/4 oz.) de duraznos (melocotones) rebanados y escurridos
- 1 cerezas al marrasquino escurridas
- 1 paquete (3 oz.) de gelatina con sabor a piña

Preparación:

Precalentar el horno a 350°F.

Derrite la mantequilla en una olla pequeña. Agrega las galletas molidas hasta que se mezclen bien. Presiona las migas de galletas contra el fondo de un molde de hornear con aro de resorte para pastel de 9 pulgadas. Hornéalo durante 10 minutos.

Disuelve en un tazón pequeño la gelatina sin sabor en el jugo de limón. Coloca en la licuadora la leche evaporada, la leche condensada, el queso crema y la gelatina disuelta. Licúa la mezcla hasta que se suavice. Vierte la mezcla en el molde, sobre la corteza. Refrigérala durante una hora.

Decora el pie con los duraznos (melocotones) y las cerezas. Prepara la gelatina de piña como se indica en el paquete. Para evitar que la fruta flote, vierte un poco de gelatina (aproximadamente 1/4 de pulgada) sobre la fruta que acomodaste.

Refrigérala hasta que se asiente ligeramente (no dejes que se endurezca). Vierte la gelatina restante sobre la fruta. Refrigérala durante varias horas o hasta que se cuaje.

Para Servir: Sumerge un cuchillo en agua caliente y pásalo por el borde del molde para desprender el pie del molde. Separa el borde del molde.

Ingredientes:

(10 personas)

- 400 gr. de dulce de leche
- 360 gr de crema de leche
- 1 Tza. De cacao en polvo
- 3 Tza. De Galletas dulces surtidas
- 4 bombones

Preparación:

Precalentar el horno a 350°F.

En un bowl colocar el dulce de leche con la crema de leche. Batimos hasta que se integren bien y queden homogeneizadas.

Incorporamos el cacao en polvo de a poco y vamos mezclando (la cantidad es a gusto, yo use una taza)

Luego agregamos las galletitas de sabores surtidos o a gusto previamente picadas y las incorporamos de forma envolvente.

Ponemos esta preparación en moldes individuales y a modo decoración un bombón (previamente picado) para cada molde. Listo! a la heladera por 2 horas.

Acerca del Autor

Alberlin Torres, escritor miembro del cuerpo de Cristo desde hace más de 13 años, durante este tiempo él se ha dedicado a escudriñar las escrituras, adicionalmente expone sus descubrimientos y las verdades que Dios le ha enseñado a través de los años por medio del Espíritu Santo, entre sus libros destacan **La Semilla que Dios nos da para Producir Riquezas, El Poder de Creer en Jesús, En Cristo Hoy es un Nuevo Día, Notas de Victoria, Días de Cocina, Días de Cocina 2, Reparemos la Casa y Días de Cocina para Embarazadas y Días de Cocina Recetas de Postres**. Dando cumpliendo a la visón de Dios de ayudar a crecer el pueblo de Dios con sus libros.

Visita Autor Central Amazon

@AlberlinT

Otros Títulos por Alberlin Torres

La Semilla que Dios nos da para Producir Riquezas

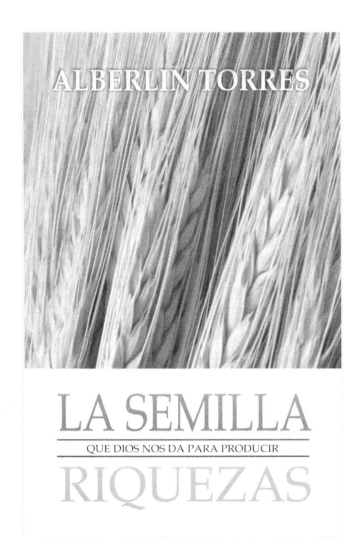

ALBERLIN TORRES
Autor de La Semilla que Dios nos da para producir Riquezas

EL PODER DE CREER EN JESÚS

Al que cree todo le es posible

ALBERLIN TORRES

Autor de El Poder de Creer en Jesús y En Cristo Hoy es un Nuevo Día

NOTAS
de
VICTORIA

MAS DE 600 LECTURAS DIARIAS

ALBERLIN TORRES

Días de Cocina

Practicas recetas para el hogar

ALBERLIN TORRES

Autor de Días de Cocina y Notas de Victoria

Días de Cocina 2

Como cocinar practicas recetas

ALBERLIN TORRES

Autor de Días de Cocina y Notas de Victoria

REPAREMOS
la
CASA

COMO REPARAR Y MEJORAR EL HOGAR

Días de Cocina para Embarazadas

ALBERLIN TORRES
Autor de Días de Cocina y Reparemos la Casa

Días
de
Cocina *para*
Embarazadas

Recetas nutritivas para embarazadas

Contacto

Si desea contactarnos para comentarios, información o pedidos al mayor, escribanos al correo electrónico: **torrespublicaciones@gmail.com**

Para recibir información de promociones síguenos aquí:

 @AlberlinT